es 1168

edition suhrkamp

Neue Folge Band 168

Peter Handke, geboren 1942 in Griffen (Kärnten), lebt heute wieder in Österreich. Nach der vierteiligen Werkgruppe *Langsame Heimkehr* (*Langsame Heimkehr, Die Lehre der Sainte-Victoire, Kindergeschichte* und *Über die Dörfer*) hat Handke vor allem unterwegs, beim Innehalten im Gehen, bei bestimmten Momenten im Erwandern, also im Erfahren, der Landschaft geschrieben. Dieser Art und Weise der Beobachtung und Produktion verdankt sich das vorliegende Journal aus den Jahren 1981/82.

Peter Handke
Phantasien der Wiederholung

Suhrkamp

edition suhrkamp 1168
Neue Folge Band 168
Erste Auflage 1983

Erstausgabe

Satz: Georg Wagner, Nördlingen
Druck: Ebner Ulm
Umschlagentwurf: Willy Fleckhaus
Printed in Germany

1 2 3 4 5 6 – 88 87 86 85 84 83

Phantasien der Wiederholung

»Die Menschen haben kein Geheimnis mehr«, lese ich, und sehe zugleich vor mir die hellen Augen der schwarzgekleideten Frau an der Busstation. Sie hatte eigentlich keine hellen Augen, und sie war eigentlich gar nicht alt

Die Greisin sagte zu dem Mädchen, das den Marktkarren schob: »Wie geht's?« – Das Mädchen: »Ich laß' es mir schon nicht schlecht gehen.« – Die Greisin: »Recht so.«

Endlich war ich im Traum wieder der Pilger: d. h. alles war bezeichnet mit schmerzhaft-ernüchternder Vergeblichkeit. Und am Morgen beim Aufwachen wollte ich, daß dieser Winter ewig dauere

Kein Jesus soll mehr auftreten, aber immer wieder ein Homer; und es soll auch kein Auftreten sein, sondern ein Ertönen. (Ich stellte mir Homer gerade als kindlich-pummeligen Kellner vor, aus dem es unversehens hervorsummte, -schallte, -tönte, -klang)

»Meine Schreib-Zukunft wird es vielleicht sein, alles – jeden Gegenstand – nur noch anzutupfen

Wenn ich statt: »Ich gehe arbeiten«, immer sagen könnte: »Gehen wir wirken!«

Kinder, wie sie oft allein in der Hitze dahinschlendern, mit hängenden Schultern, haben etwas von der »unendlichen arabischen Musik«

»Ich will es machen wie Raffael und kein Marterbild mehr malen« (allmählich kann ich sagen, daß ich Nietzsches Leser bin)

Eine Herausforderung sind jene, die von sich selber begeistert sind: sie sind nicht eitel, sondern beispielhaft: eben eine Herausforderung

Mit Hilfe der Messe lernen die Priester, schön mit den Dingen umzugehen: das sanfte Halten von Kelch und Oblate, das gemächliche Auswischen der Behältnisse, das Umblättern des Buchs; und das Ergebnis des schönen Umgangs mit den Dingen: herzbeflügelnde Fröhlichkeit

Es schneit, und ich habe Lust, weiterzuarbeiten

Als ich im Zug um mich schaute, war allen Menschen, vom daliegenden Säugling bis zum Greis, die Oberlippe geschwollen von Traurigkeit, und ein schwarzer Pudel hockte draußen am Bahndamm wie ein verkohlter Zwergpalmenstumpf

Im Schneesturm wurde der Kopf als ganzer kalt, und ich dachte bewundernd: »Was für ein Winter!«

Eine Ergänzung für Flauberts Gemeinplatzwörterbuch: »Juroren: Leute, die es sich nicht leicht machen«

Wenn ich mich ängstige, bin ich nicht gut (in jedem Sinn)

»Er richtete sein großes Auge auf die Welt«: so müßte es sein, das Schreiben (oder das Schweigen)

Wein, gute Nachricht; Illusionen, Lebenszunder

Das Ewige ist im täglichen Ablauf immer das Unscheinbarste; oder: das Unscheinbarste im täglichen Ablauf, das ist das Ewige (die Gehenden oben auf dem Berg, die Gehenden unten im Tal); – das Metaphysische für sich ist nicht zu fassen, wohl aber das beiläufig Metaphysische, in der Alltäglichkeit

Was ist die Freude? Es ist die Empfindung der Vollständigkeit (und das Paradox: Zugleich werde ich durch die Freude ersetzt)

Ich kann sagen, daß ich immer lieber lebe – seltsam, daß zugleich die Angst nicht wächst; es ereignet sich höchstens ein jähes Grauen

Goethe, der ordentliche Zivilist: Ideal

Der Mann nahm sein Kind in den Abführgriff, und dann küßte er es voll Zärtlichkeit

Zur Kunst gehen, ist keine Flucht, sondern ein Sich-Begeben

Einen Willen Gottes glaube ich doch zu kennen: daß die Körper der Menschen möglichst unsichtbar blieben

Die Geschichte – Werden, Vergehen – ist immer das Drama, das erst das Sein hervorbringt: ich kann also nicht »das Sein« vertreten gegen »die Geschichte«: – und die Künste? – übernehmen voneinander im Krieg der Geschichte die Staffel des Seins

»Das Lyrische ist die Entwicklung eines Ausrufs« (Paul Valéry): es wurde immer schon alles gewußt (wie Rilkes: »Heilige Langsamkeit«)

Wenn ich bei klarem Verstand bin, bin ich dankbar

Ich wollte nach den Psalmen greifen, und dachte dann: »Die reden wieder Gott an, statt die Menschen«

Das Auge des Tiers als das Auge des Gesetzes

Was das Denken betrifft, so glaube auch ich an eine »Endzeit«; aber nicht, was das Erzählen betrifft

Ich hob die Hand, dem Vogel im Strauch zum Gruß, und spürte die Gestalt des Begrüßten in meiner Handfläche (ein anderes Stigma)

Eine schriftstellerische Unternehmung müßte etwas von einem Handstreich haben; in jedem Sinn

Manche halten ein Buch in der Hand, so als erwiesen sie ihm eine Gunst

Ich dachte gerade, auf was es in einem Text ankäme: auf das Auge, und auf das Herz – und das, Auge und Herz, sei Geist

Künstlerische Intelligenz: Verstehen *und* Begriffsstutzigkeit

Diese Frau hat einen Stirnschild, gerichtet gegen alles Poetische, gegen alles Übersteigende, oder solches Versuchende. Auch Vergil wäre »nichts« vor diesem menschlichen Prallfelsen.

Sie ist eine von den Ungerührten; nur bei Musik braust sie manchmal auf und echauffiert sich, das Gegenteil von Begeistertsein

Seltsam, daß das Wort »Gott« mich etwa im »Parzival«, dem Epos, gar nicht stört (eher rührt), beim Meister Eckhart, im Traktat, aber wohl: da beklemmt es mich sogar

Wenn du den Schmerz der Schwellen spürst, dann bist du kein Tourist; es kann den Übergang geben

»Ich muß mich an das Leben halten, denn ich bin ein Fürst« (Parzival)

Wachend fällt mir das Warten leichter als im Schlaf

Niemand denkt über mich nach, wenn nicht ich selber

Inbild und Andacht sind das gleiche

»Und wie könnte ich eines Volkes Herr sein, wenn ich es mit meinem Trübsinn betrübte?«

(Wenn man Wolfram von Eschenbach liest, möchte man die Deutschen lieben)

Ich möchte den Urwald vor dem Fenster: daran würde ich, mit der Zeit, die meistmöglichen Einzelheiten sehen

Ich will nicht denken: »Frühling« oder »Frühjahr«, sondern »Sonne«, »andere Zeit«, »anderer Wind«

Heute war ich in den »Badlands«, und bin doch wieder da herausgekommen. Und wodurch? Durch Aushalten am Ort

Das »Heilige« ... ist nicht zu erforschen, nur zu umschreiben, zu erzählen, umschreibend zu erzählen (lerne das Umschreiben)

Der Unterschied zwischen dem bloßen Mitleid und dem Erbarmen, der bei Wolfram von Eschenbach so klar wird; den aber Nietzsche nie gekannt hat: so vieles von seinem Geschriebenen wird hinfällig durch diesen blinden Fleck

Am wahrhaftigsten ist doch der Blick in eine panische Welt, in welcher, von einem Augenblick zum andern, alles seinen Ausdruck ändert, und so immer weiter, von Augenblick zu Augenblick, vom Freudigen zum Angstvollen, vom Lebensvollen zum Sterbensmüden, usw. usw.

Die Katzen wirken so humorerweckend, weil sie nicht wissen, was gespielt wird: als seien sie die Personen einer Possenhandlung, oder einer Farce, und wir Menschen die erheiterten Zuschauer: die Auftretenden wissen nie, was wir Zuschauer wissen (wie bei Feydeau)

Wieder feierlich bereit: die Haselkätzchen im Vorfrühling

Die Grundfrage jedes Erzählers (sollte sein): Wie rette ich meinen Helden?

Die Wallfahrtskirchenfassade steht in der Ferne: es gibt weder Zuflucht noch Schwung zu ihr – aber immerhin, da steht sie

»Parzival«: die »Bösen« werden im Lauf der Geschichte so gut, wie sie sind!

Was ich nicht *denken* kann: daß die Menschen schlecht sind

So vieles im »Parzival« grenzt, auf einmal!, ans Meer: dieses ist überall, als Schutz und Weite (ähnlich auch den täglich in meinem Innern aufblitzenden Bildern von der weiten Welt)

Man muß doch immer noch davon ausgehen, daß einige (wenige) der Gläubigen etwas wissen, das wir nicht wissen (gegen Nietzsche)

Die schärfste Kritik an etwas von mir Geschriebenen war jener Leser-Satz: ». . . strahlt die Ruhe des Angekommen-Seins aus . . .« (und der Satz war außerdem falsch)

Die angemessenste Art, sich zu kleiden, ist eigentlich die eines Clowns: Breite, Weite, Schlackern; allerdings nicht: Buntheit

Vielleicht sind die Menschen im Tanz so erträglich, weil sie sich da, im großen und ganzen, an Ort und Stelle bewegen, wie Zweige an Bäumen; sie haben, tanzend, Füße, nicht nur »Beine« (was Nietzsche an den Deutschen schmähte: sie hätten nur Beine, keine Füße)

Was denke ich bei dem bloßen *Namen* eines großen Künstlers sofort? – Form

Ich *will* ja nicht hoch hinaus, sondern es geht mit mir hoch hinaus, und ich will das fassen, das ist alles

Statt »Gnade« kann man vielleicht sagen »Biologischer Schub« oder »Adrenalinstoß« – aber das sind zumindest längere Wörter (vergleiche Valéry's Bemerkung, Wörter mit »mehr als drei Silben« – gib im Deutschen noch eine dazu – seien in der Poesie zu vermeiden)

Wäre ich Schriftsteller, dürfte keine Spur von Begehren mehr in mir sein

»Augenblick des Humors« ist ein treffender Ausdruck, so wie sonst bei »Augenblick . . .« nur noch »Augenblick der Trauer«: »In einem Augenblick des Humors erblickte er auf dem dunklen Weg . . .«. – »Augenblick der Freude« dagegen wäre unzutreffend: da habe ich mehr »die Farben« als einen besonderen Gegenstand im Auge, das, bei Humor oder Trauer, schärfer wird

Ich will nicht getröstet werden; menschliche Tröster sind widerwärtig; aber »das langsam treibende Blatt . . .«

Vorausdenkend – mein Fehler – glotze ich das Gegenwärtige nur an (dieses ist freilich auch oft danach)

Was denke ich zuinnerst, wenn ich manchmal das, ein Kind sehe? – »Der Mensch ist gut« – und ich meine den Menschen, und ich meine es ernst

Sag nie: »Sei gerecht!«, sondern: »Werde gerecht!« Es ist immer ein Werden – ein Aufschwung –, sich gerecht zu verhalten; ein Aufraffen

Je offener die Welt mir steht, desto mehr Freude macht sie mir, und desto mehr tut sie mir weh

Was hieße Liebe zu einer Frau? – Daß man endlich, auf Dauer, den beiderseitigen Adel spürte (das ist nicht möglich mit einem Kind, oder einem Freund)

Vielleicht sollte ich Simenon nicht mehr lesen; denn er rührt mich zu Tränen und läßt mich und seine Leute allein

Die Zuneigung zu sich *und* die Selbstkritik erzeugen den befreienden Gedanken

Ohne die Illusion bin ich reduziert auf mein schadhaftes Gebiß

Eigentlich kann ich nur das Abenteuerliche beschreiben; wie aber das schaffen, jetzt im Frieden? (mein Problem)

Ich ging neben dem Fluß, der raschelte. An wen könnte ich denken? (So müßten die Sätze der ewigen Erzählung aufeinander folgen)

Den meisten ist anzusehen: Sie sind auf der Suche nach so künstlichen Menschen wie sie selber

»Parzival«: Eine Waldlichtung, und gleich daneben liegt ein natürlicher Hafen: es ist die Landschaft der Welträume

Äußerungen von Schulklassen (überhaupt von Kollektiven) sind Beleidigungen, allein schon durch die todordentliche Schrift (oder Stimme), in der da eine(r) für alle nichts sagt

Nimm dich in acht vor deinen Dämonen, d. h. deinen Doppelgängern

Der Zug fuhr langsam an einem Haus vorbei, vor dem ein schwarzweißes Kaninchen hoppelte. In einer Senke zwischen zwei Moränenrücken fuhr jemand Rad. Ein alter Mann stolzierte vorbei wie ein Schlechtwettermännchen. Ein junges Paar stand voreinander; der Bursche kämmte sich und lachte. Zwei andere saßen auf einer Bank, die Gesichter in eins, wie Sonne und Mond in einem Kreis

Die Katze kletterte den Baumstamm hinauf und verdunkelte für einen Augenblick die Sonne

Im Lauf des Nachmittags wuchs der Krokus aus der Erde, und sein Blau wurde vollkommen. Vom vorbeifahrenden Zug aus gesehen, tanzte die Birkeninsel inmitten der Wiese Reigen. An einem offenen Fenster stand ein Mann, hinter dem sich langsam zwei große Filmspulen bewegten. Ein Kind stellte sich vor seine Eltern und verlangte: »Eisgeld!« In einem Haus drinnen leuchteten sonnendurchschienene Katzenohren

Warum kann ich, seit je, manchen Leuten nicht ins Gesicht sehen? – Weil ich seit je weiß, daß sie nicht wohlwollend sind

Einem Tätigen sind die Katzen »die sich Beigesellenden«

Gegen Mitternacht, beim Western, als in der Dunkelheit ringsum der helle blaue Himmel über der Prärie erschien, ritt wieder das Heer der Bilder und Freunde ein in meine Brust

In der Herzmitte der Krokusblüte bewegt sich der Schatten einer Biene; das ganze Herz erzittert und erschauert immer wieder, obwohl kein Wind geht. Ein graues Häutchen umgibt noch die daneben gerade aus der Erde brechende Blütenrakete; durch das Häutchen schimmert das Blau

Eine Frau bügelte auf der Wohnhausterrasse ein weißes Leintuch; später war es eine dunkle Hose. Zuletzt stand an der Stelle des Bügelbretts ein Tischtennistisch, und ein Mann und ein Kind spielten (Sonntagnachmittag)

Meine Mutter glaubte von mir seit je, daß ich mich »nicht halten« würde. Sie erwartete früher oder später meine Niederlage, meinen Fall. Ist das bei allen Müttern so?

»Nein, ich bin nicht freundlich!« dachte ich triumphierend

Am besten (in jedem Sinn) bin ich, wenn ich in mir den Ortshunger spüre, und sei es auch nur auf eine kleine Abweichung; und »Ortshunger« heißt: »Auf!«

Wie ist das Wort »Engel« immer noch zu gebrauchen? – Im Zusammenhang mit »Kampf«

(in jedem Geschriebenen müßte der »Kampf mit dem Engel« spürbar sein)

Im »Parzival« ist jener der Schönste, der von einer schweren Krankheit genest (Anfortas)

Die traurigste Empfindung vom Leben habe ich, wenn es mir vorkommt, als sei es wirklich nur Kraft und Stoff

Verklärung und Verharmlosung: das Verklärte erkenne ich; das Verharmloste habe ich nie gekannt

Das Nach-Zittern: müßte in jeder Form spürbar sein (sonst Klassizismus)

Eine Frau ging durch den Zuggang, in den Fingern eine Babyflasche als Handgranate. Draußen lief ein Fasan an einem Buschsaum entlang. Am Horizont saß ein Mann auf einem Hausdach und fing ein ihm zugeworfenes Werkzeug auf

Wie sehe ich die innerste Geschichte der Menschheit? – Als Klärung (ohne Ziel)

Wir werden besser, besser als die Alten, aber mit Hilfe der alten Zeichen

»Ich habe durch dein ewiges Fernsein ein so-viel höheres Leben, so viel geistigen Aufschwung erhalten, von dem ich sonst nichts gewußt hätte«: das sagte eine Frau zu ihrem Mann; aber das könnte ein Mensch zu Gott sagen

Auf dem grauen Acker stand ein Kind mit einem gelben Bogen, von dem ein gelber Pfeil losschnellte und durch den blauen Himmel über den grauen Acker flog. Auf dem Ackerweg lag neben einem beigen Rehbein ein Maulwurf. Zwei Tagpfauenaugen – Empfindung von Purpur – segelten vorüber, und die Augen auf den Flügeln blickten mich an. Der Sandhaufen am Ende des Wegs erschien als Pyramide. Im Holunderbusch lag eine steinerne Kugel, und dahinter gingen zwei südländische Frauen mit Kopftuch und dunklen Pullovern (Licht der Erzählung, Licht der Wiederholung)

Im Garten stand eine Palme, deren Fächer sich bewegte. Dahinter saß auf einem Sims eine schwarze Katze mit einem weißen Fleck am Hals. Eine Lokomotive allein rumpelte über die Eisenbahnbrücke. Auf einem dicken Holzstück fuhr eine Möwe flußabwärts. Eine schwarzweiße Elster flog aus dem Gebüsch: Feirefiz, der scheckige Halbbruder Parzivals

Verlegen sind die, die Großes gedacht haben, und es jetzt, mir, dem Fremden, entgegenkommend, nicht denken können

Wieder rumpelte eine Lokomotive einzeln auf der Brücke. Die Wallfahrtsfassade im Hintergrund wurde ihr heller Waggon. Eine rothaarige Frau fuhr im blauen Kleid Rad. Ein Liebespaar ging umschlungen vorbei: eine Mutter, die ihren Säugling hielt. Die Katze legte ihre warme Pfote auf meinen nackten Fuß. In der Zypresse erschien das Große Tor von Witebsk

In der Dämmerung hielt auf der Straße mit einem scharfen Bremsen das Auto des Postbeamten. Der Mann sprang mit der großen Tasche zum gelben Kasten und hielt sie darunter. Ein scharfes Klacken, und er lief zum Auto zurück und schoß mit quietschenden Reifen weiter: Letzte Leerung

Wie verlockend Vergil gerade die *kleinen* Gegenstände schildert: den Becher aus Buchenholz, »mit feinem Stichel oben angebracht eine biegsame Rebe, welche Beerenbüschel überkleidet, die im mattfarbenen Efeu verstreut sind« (»Sizilische Musen, besingen wir das ein wenig Höhere . . .«: das ist es ja schon)

Wir nach den Weltkriegen: die wunderbare Erfahrung, daß wir keine Herren sind (»Wächter eines armen Gartens bist du«, Vergil)

Das Erzählen Vergils fängt in der Regel mit einem »schon« an: d. h., es beginnt jeweils an der Grenze, zwischen dem Tag und der Nacht, der Nacht und dem Tag, einer Jahreszeit zur andern (»das hat er von Homer gelernt«)

Ganz lebendig fühle ich mich vor dem beschreiblich Schönen (aus dem Tunnel kam ein Auto, mit weißen Blüten auf dem Dach, »beschreibliches Auto«)

Ich dachte gerade: »Was ist die menschliche Aufgabe? – Die Bewegung der Bäume zu sehen« (und wollte mich, vor den Bäumen, in einen Baum verwandeln: um den Anblick nicht zu stören)

Eine Sängerin sang, »reizvoll apathisch«, und ich dachte: Ruhe, ja – aber nicht diese Gelassenheit, keinen Stoizismus: ich brauche den Einsatz, auch bei den anderen

Die Daseinsfreude ist für mich ein Fluren-Gefühl (die Erdgegenden werden Fluren)

Einen Augenblick lang verstand ich den Baum, der »ohne weiteres« in der Zeit stand, und war dieses Stehen

Mit dem Schluck Wein die Verwandlung der Enge in die Weite: aber es genügt *ein* Schluck

Schweigend verschwindet ihr in eure Maschinen (Autos, usw.) – so möchte ich in mich verschwinden können

Der leere Berg im Regen, die leeren Wege: immer deutlicher, immer klarer, immer mehr »Antwort-genug« erscheint mir die Leere; so jetzt auch die Gewißheit, auf dem leeren See etwas zu erblicken – und wenn es nur die Leere wäre

In dem jahrhundertealten Kanal sind im Lauf der Zeit Andeutungen von Mäandern entstanden. Am Abend, nach dem Sturmregen, trieben da die Blüten im Wasser, tief unten schwamm als Fallschirm ein Grasbüschel, und ein Kind schrie wie ein Fasan

Zur Besinnung komme ich nur im Schreiben; nicht im Reden

Ich bin weniger ein Dichter (Sager) als ein Umschreiber (Erzähler)

Angesichts des Flieders: ich spüre den Flieder auf dem Gesicht

Von weitem der Vogelumriß auf dem Holzgeländer: »Parzival!«

Heute, vor den frischen Erbsen, sagte die Marktfrau: »Haben Sie frische Erbsen auch so gern wie ich?«, und ihr Mann sagte: »Wenn die frischen Erbsen kommen, hört meine Frau sogar zu rauchen auf.«

Wenn ich, phantasierend, ich und die Welt bin, ist mein Kopf eine sanft geballte Faust

Der Himmel über dem Berg ist antik, und die Gesichter der Leute unten: Warum sind sie nicht danach?

Der Flaneur kann die Schönheit nicht würdigen

Die Zypresse hing voller Flieder: es war der durchschimmernde blaue Himmel (dieses Tages)

Zur still dahockenden Katze am Morgen: »Aus welchem Märchen kommst du denn heute?«

»Glänzen durch Abwesenheit«: schöner Ausdruck

Wenn ich, der ich doch recht stetig, grübelnd, beengt, an das Schreiben denke, dabei endlich unbändig werde, dann bin ich, auch wenn ich gerade nicht schreibe, und auch wenn das Schreiben noch lange nicht spruchreif ist, der Schriftsteller (oder eben das »untergehende Selbst«, das – Tao-Te-King – nicht zu gefährden ist)

Wohltat des mäandernden Flusses: Helle Wohltat des Wassers/ dunkle Wohltat des Erdreichs/ Wohltat der Krümmung

Bei Einbruch der Nacht begann, nach dem heißen Tag, durch den ganzen Garten, bis in das Haus hinein, der Flieder zu duften; der Duft in der Dunkelheit war begeisternd; und dann beim Fernsehen standen hinter dem Zuschauer, am Fenster draußen im Dunkeln, die einzelnen Fliedersträuße als andere, heimliche Zuschauer, und als Komplizen des tatsächlichen Zuschauers (manchmal kann man zur Erde Gott sagen)

Das Dilemma: Schreibe ich für mich? Schreibe ich für andere? ist ja leicht lösbar; denn schon der Augenblick des Durchdrungen-Werdens, der Ansatz- und Antriebsmoment ist ja immer ein Gemeinschafts-Erlebnis: das Gemeinschafts-Erlebnis (»ich« bin dann auch »alle anderen«)

Die tägliche Ebbe und Flut im Innern: gerade glaubte ich zu spüren, wie in der Brust das Zurückfluten einsetzte, das Verebben, die Ebbe, womit die Welt wieder einmal anfing, sich zu entziehen (also: Körper, beweg dich, such die Flut auf, in der Natur)

Schändliche Leute, die ihre Alpträume in Folterungen an anderen umwandeln

Die meisten Ruhigen sind nicht ruhig, sondern aufreizend ruhig

Die Natur als Ideal-Spiegel der »jeweiligen« Menschen: aber die meisten betrachten sich nicht darin

Einst suchte ich unter den Wiesenblumen nach den besonderen; jetzt sind mir die Massenblumen genug

»Spielen heißt (für die Affen bei Sonnenuntergang), die Stunde hinausschieben, in der die Angst kommt«

Hinter dem dicken Eichenstamm ging eine alte Frau mit einem dünnen Stock vorbei

Was straft was Lügen? Die Gräber die Ferne mit dem Wald, oder die Ferne die Gräber?

Lust ist rücksichtslos, Freude nicht (deswegen kann niemand mir meine Freude vorwerfen)

Zeichenloser Tag: solche Zeichenlosigkeit, das ist Schwermut; und dabei sah ich heute doch den dicksten der Glyzinienstämme, das bleichste aller Babys, eine Kaugummimadonna, und wie immer die Spatzen

Von gestern auf heute ist es unter dem Blätterwerk der großen Blutbuche wieder dunkel geworden (und wird es ein halbes Jahr lang bleiben)

Um Tischgespräche zu führen, dürfte ich nicht selber der Koch sein

Das immer, notwendig, Fast-Sprachlose der Kunst, des Schreibens, der Kunst des Schreibens: erst dieses, das Mit-versagender-Stimme-sagen-was-der-Fall-ist, das Grenzwort, wird gehört werden in Ewigkeit

Als ich nach Mitternacht in die Schlafkammer trat, roch es im Dunkel nach einer gerade erloschenen Kerze, und dann lag da eine Katze

Wie ich jeden Tag altere und am nächsten Tag wieder jung werde (und wieder altere)

Kaum enträtselt sich mir eine Form, gerate ich außer Gefahr: und draußen in den vollgeregneten Bäumen rauscht »mir« der Wind auf

Das friedlich wahrgenommene Friedliche strahlt einen Glanz aus und bekommt ihn von mir zurückgestrahlt

Die Seele ist entweder ein furchtbares Ganzes, etwas für sich (Schwermut); oder ein wunderbares Nichts

Nur die Dinge beschreiben, die für mich alles gewesen sind; und das nicht behaupten, nur eben die Dinge beschreiben

Hitze, Mittag, der Garten voll Löwenzahnsamenkugeln; ein Windstoß: und von einem, einem einzigen Löwenzahn wirbeln die Sporen auf; und der Lorbeerbaum, unter dem ich sitze, raschelt

Als sich auf dem leeren Weg die Katze näherte, spielten auf ihrem Rücken im Gehen viele Muskeln, und ich sah eine ganze Herde sich nähern (»Red River«)

»Ich weiß jetzt, wie ich es sage«: das ist Schreiben

Bleib den Wörtern deiner Kindheit treu; jedes andere Wort wäre falsch

Wenn das Schwarz unter dem Gras sichtbar wird, entsteht die Empfindung von »Erdreich« (auch nur beim Laubrechen)

Das Schenken müßte ein »Verehren« sein (»Ich verehre dir . . .«)

»Mein Mythos«: »das Wissen, daß ich ein außerordentlicher Mensch bin« (Wittgenstein), wie jeder; und im Leben eines jeden Menschen gerät dieser Mythos in Gefahr, früher oder später (je später, desto gefährlicher), und bei den meisten wird er zerstört, meist wohl sehr früh: gefährlich für andere

Vergiß nicht, daß das Naheliegende, das Grün und die sich bewegenden Blätter, doch jenseits der Brustmauer liegt: der Mauer aus auf dich eingeredetem Gerede und aus deinem Eigengerede

Ja, das ist es: ich habe keine Achtung mehr vor den meisten täglichen Gegenständen, weil sie nicht von Menschen gemacht sind

Als ob jedermann, überall auf der Welt, tagaus, tagein, seinen Bildauftrag hätte: den Auftrag, Bild zu sein für die anderen: die Frau gerade geht als »einkaufende Hausfrau neben einer Pfütze, in welche die Regentropfen fallen, an einem Busbahnhof vorbei«, und weiter weg geht einer als »Mann mit dem Regenschirm«; indem so jeder sein Bild bietet, hilft er dem anderen (jedenfalls mir)

Jeder Blick wartet auf den trauernden Gegenblick

Was ist, genauer, »das andere«, das jeden Tag erscheinen sollte? Es ist »der andere Stoff« (und genauer kann ich nicht mehr werden; nur noch umschreiben)

Ich sah einen Bekannten wieder: er war gescheitert, er war Sportler geworden

Die Heiligung ist ein – Gefühl, wie die »Erfrischung«, nur umfassender, und viel seltener; und sie ist außen-innen, nicht nur außen (»fino al fine del mondo«, Evangelium)

Zum vorbeifahrenden Schiff hingedacht: Nichts an mir wird überleben, aber jetzt sitze ich hier, und ihr seht mich

Ich ging den Kai entlang, und es gab nichts zu schauen-denken: es fehlten die aufeinanderfolgenden Bäume

»Verwahrlosen«, das ist, zwischenzeitlich, das Los der Künstler, wenn sie nicht, übereifrig, vertrocknen (was ihr Ende ist); ich muß mir viele Wege selber abschneiden; so erst komme ich vorwärts

Der Bus hielt in einem sonnigen Ort: einstiegen Männer mit regennassen Jacken, auf denen bei der Weiterfahrt die Sonne glitzerte

Ein Mönch sagte, man müsse Gott am Anfang nur »mäßig lieben« (sonst würde es sehr schwer): das gilt wahrscheinlich für alles Geliebte

Wenn ich nach den ironisch-ruhigen Gesichtern der romanischen Kunst die immer lebensechteren und -ähnlicheren Büsten und Posen der folgenden Jahrhunderte sehe, dann weiß ich, was richtig und was falsch ist (die Romanik ist die Hochzeit der Form)

Wenn ich etwas lese, und die Seele (oder eben das Etwas in der Brust) bleibt davon unerhoben, fängt sie (es) zu schmerzen an (so ist es)

Manchmal gelingt es, zu ruhen im Augenblick; dann entsteht, gleichwo, ein Raum

»Zögern Sie nicht, bewundern Sie viel«, sagte die Frau im Traum

»Durchsystematisierter Mythos so gut wie durchgeführte Scholastik sind Auswalzungen des religiösen Grundvorgangs, die ihn selber zugleich platt walzen und schließlich austreiben« (Rudolf Otto, »Das Heilige«)

Das tägliche Erlösungslied muß ein anderer für mich singen: und da nur, in diesem Lied, ist das Recht der Gesellschaft (der Gemeinschaft)

Immer muß ich erst die Wolken in meinen Augen verscheuchen, bis ich endlich den Himmel sehe

»Sie stehen immer in Türen herum, und Sie schauen mich immer nur an« (Marlene Dietrich, »Rancho Notorious«)

In jedem Haus wohnt ein König (und manchmal zeigt er sich)

Ziel des Schreibens, des Lesens, des Lebens: ein Ding, eine Steintreppe, eine Glyzinie, eine Tür, wird von mir gesehen und zeigt sich erkenntlich: das Sich-Erkenntlich-Zeigen der Dinge

Für die Dinge habe ich in meinen Augen fast immer den Brennpunkt, für die Menschen nur ausnahmsweise (und ich gebe mir daran keine Schuld)

Manche Schmerzen sind wohl schon so sehr ich geworden, daß ich sie nicht mehr als Schmerz fühle: sie gehören zum Körperbewußtsein

Die zwei Stare, einer oben im Baum, der andere unten auf dem Grashaufen, standen da und stellten einen Augenblick lang die Welt dar, Einsteins »Welt«; und ich dachte: In einem Krieg würde, was ich da sehe, nicht verlangt

»Innewerden«: man muß die deutsche Sprache doch lieben

Gehen, bis man »die Weihen« empfängt, die Weihen der Durchlässigkeit, der Durchsichtigkeit, des Pilger-Seins; dann strahlt der Erdboden; und dann, dann erst kommt auch die Stunde der Phantasie, als Leuchten in der Ferne auf dem Uferpfad

Schreiben als die Entzifferung: die heißen Wolken hoch oben, das leuchtende Gras unten, der Sonnenglanz in der Birkengabelung; die Akazienzweige vor dem Himmel als Gratulationsblumensträuße (was heißt »Blumengruß«? Die Blumen selber grüßen)

»Ich habe mich zu früh gefreut«: das könnte man natürlich zu jeder Freude sagen; aber verdirb niemandem die Freude, denn daß er sich freuen kann, ist das Zeichen, daß er nicht schlecht ist, ja, daß er gut ist (siehe Spinoza)

Die reife Erdbeere fiel mir »in die Hand«

Verblühende Pfingstrose, alte Vettel (und der alte Flieder ist nicht verblüht, sondern verfault)

Die Leere offenhalten: das wäre die höchste Kunst

Erst mit dem Moment Liebe wurde der Tag Tag; wurde es Tag

Zwei Liebende strahlen Zartheit in die Welt; Zartheit weht mich an von den Liebenden

»Dichten ist ein Übermut« (Westöstlicher Divan): eigentlich habe ich es von Anfang an als noch mehr erlebt: Stille – Leere – Übermut, aber zur Erhaltung der Stille

Wenn ich Goethe lese, habe ich auch Lust zu den eigenen Sachen (auch diese nachzulesen); er macht sie nicht nichtig, wie das so viele Zeitungssätze tun

Die Steinchen glänzen hier in der Sonne, und das Raumzeitschiff trägt mich vom Erdboden hier zum Erdboden dort: Steinchen glänzen dort in der Sonne

Ein geschorener Rasen, überhaupt ein Rasen, beleidigt das Auge

Das Erträumte geschrieben finden: so möchte ich, daß es euch ergeht

»Kindschafts-Gefühl«, das ist, nach Rudolf Otto, Religiosität

Aus wird es sein mit mir, wenn ich keine Kraft mehr habe, die eigenen Augen zu finden

Vor jeder Begegnung: Denk, was der andere für einen Weg hatte

Eine Duftzeit im Jahr folgt der anderen: dem Flieder der Holunder, dem Holunder der Jasmin (und gerade folgte dem Geruch einer Birne Musik)

Von der öden Wiederholung zur seligmachenden Wiederholung: d. h. die Freude des Wiederholens wird erst möglich, wenn ich, ins Ungewisse aufgebrochen, ratlos bin

Jemand ging so, als ginge er nur eben zu seinem Auto

Wenn ich weiß: »Da war etwas!«, und mich nicht erinnere, was, dann heißt das nicht, daß ich mich erinnern soll – das würde die Verkrampfung –, sondern erfinden kann (aber es muß »etwas gewesen sein«)

Wie wenig interessieren mich »Schätze« (»Domschatz«); ja sie stoßen mich ab

Beschreib mir einen Ort! Wenn jeder Mensch das könnte, wäre Frieden

An Geräuschen gibt es wohl kaum widerwärtigere als das nächtliche Grölen und Lachen in den Kleinstädten: »Keine Epik ist mehr möglich«, dachte ich; die einen pöbeln in den Straßen, die anderen sehen fern. – Aber einer liest vielleicht gerade Horaz, und da im leeren Kinovorraum, grell beleuchtet und finster, steht eine einzelne ältere Frau

Manchmal sehe ich die Welt als freudlose Gasse; und dann ruft ein Kind aus einer drängelnden Schulklasse im Museum angesichts eines Naturbildes aus: »Wie schön!«

Bin ich verlassen, oder ist mir einfach nur schlecht? Bin ich traurig, oder einfach nur leblos? (»Ewige Fragen«)

Nicht: »Unsere Kinder sollen es einmal besser haben als wir«, sondern: Unsere Kinder sollen besser werden als wir (darum Kinder)

Immer wieder in der Geschichte der Menschheit »die weiße Stadt« (Tulúm bei den Maya); und auch ich habe einst meine weiße Stadt gesehen

»Das Geheimnis *besänftigt* meine Augen, es macht sie *nicht* blind« (Antonio Porchia)

»Wenn ich einer Idee begegne, die nicht von dieser Welt ist, dann ist es, als vergrößere sich mir die Welt« (derselbe)

»Nein, ich trete nicht ein. Denn wenn ich eintrete, ist da niemand« (derselbe)

Mich erklären lasse ich mich nur, wenn damit jeder erklärt wird

Ein Tier, bei dessen jähem Erscheinen man nicht erschrickt: ein Hase

Ich könnte ein Floß nicht im Spiel bauen

Gesundheit heißt, in dem Zustand, in dem ich seit jeher bin (seit ich bei Bewußtsein bin), die Dinge ringsum würdigen zu können; nur das ist Gesundheit (der Körper, das Jetzt-Gefäß, der Jetzt-Resonanzkörper)

»Das weiß ich doch seit je.« – »Es genügt nicht, es zu wissen, du mußt es wiederholen.«

Der Bleistift roch nach Rosmarin

Gerade sah ich die Kunst des 20. Jahrhunderts: als eine helle, kräftige, nach außen gekehrte und doch ruhige Kunst (aber das galt eher nicht für die Schreib-Kunst; – wieder Goethe: »Auf ihrem höchsten Gipfel wird die Kunst ganz äußerlich sein«)

Die Gutes tun, wissen nicht, was ein Mensch ist, wohl aber die, die etwas Gutes machen

Wenn ich den ganzen Tag nicht hinaus ins Land gehe, auf meinen »Ländler« (es kann auch der Stadtrand sein), komme ich mir schmutzig vor, jedenfalls als etwas zu Reinigendes

In der Anschauung leben, länger und länger am Tag: das wäre eine Entwicklung

Technik heißt beim Schreiben: bereit sein für möglichst viele Möglichkeiten: das Wissen von diesen Möglichkeiten *und* die Geistesgegenwart, ihm *jetzt* zu folgen

Ich bin unterwegs, um zu lernen; und wenn ich in Gesellschaft unterwegs bin, lerne ich fast nichts

Mit dem »ersten Rad« ging ein merkwürdiger Ruck durch die Menschheit – so spürte ich es gerade: ein Ruck der Erleichterung, des Leichtwerdens

Beim phantasierenden (Räume-verbindenden) Denken habe ich mich ganz im Kopf; die Seele ist, endlich, »auch dort«, und heizt dem Denken ein

Jeder Schriftsteller versperrt einem anderen den Weg, damit dieser den Weg findet

Was im Gesetzbuch und in den Zeitungen heißt: »boshafte Sachbeschädigung«, müßte oft heißen: »verzweifelte Sachbeschädigung«

Ich bin doch froh, daß so viele Leute in den Autos stecken und man sie nicht sieht

»Lyrischer Epiker mit dramatischen Wendungen« (mein Ideal)

Die Wiederholung ist in Farbe: das sich Wiederholende erscheint in Farbe

»Frau, gib mir Freude!« dachte ich gerade. Da war aber keine Frau

Nimm jeden Moment ganz ernst und halte dich bei nichts auf

Die technische Welt flieht weg von der Stirn des Menschen; oder diese sträubt sich, einfach nur vor einem künstlichen Keramikfußboden

Mein Fehler in allem, was ich tue, ist eine gewisse »Eifrigkeit«; aber würde ich diese verleugnen, so würde ich dem, was ich tue, auch jedes Menschenbild entziehen

»Das Übel, wenn es schwach ist, bringt mich durcheinander; wenn es stark ist, beruhigt es mich« (Antonio Porchia)

»Stirb und Werde«: das ist ein im Lauf des Jahres sich langsam, aber leuchtend und tief durch die Landschaft bewegendes Bild: jetzt sind die »Hopfenbuchen« dran, und die Lindenblüten, zahlreich auf allen Wegen, und die Schafgarben, lang erwartet; und ich werde das immer klarer sehen

Die Dinge zusammenbringen *und* auseinanderhalten: Epik

Manchmal die Freude an der Welt: als Linienlust

Ein Landvermesser werden, aber anders als Kafkas K.: ein wirklicher, kein angeblicher

Die Umkehr-Farben: d. h. die Farben, wenn ich umkehre

Die Strenge (oder die Abwehr) manches Künstlers einem anderen gegenüber hat oft etwas Blutrünstiges

Die Fluß-Schnellen usw. mögen ja keine heiligen Stellen mehr sein wie einst; aber dafür sind sie beschreibbar, in Ewigkeit

Der Blick der Liebe ist der Blick »Blick«; er hat zugleich den umfassenden Ernst des Pantokrator

»Mit der Zeit gewöhnt man sich sogar an die Gefahr.« – »Die Reise geht weiter.« (Marilyn Monroe und Robert Mitchum, »Der Fluß ohne Wiederkehr«)

Man möchte einmal wieder von einem edlen Volk hören

Nicht Trost schafft das Rauschen der Bäume, sondern Ordnung

Die Verwandlung wird notwendig, wenn etwas, das einem als wirklich galt, aufhört, wirklich zu sein; glückt die Verwandlung, so wird etwas anderes wirklich; wird nichts anderes wirklich, geht man zugrunde

Zugrunde geht der, der in sich die Gewißheit hatte, ein Held zu sein, und es im entscheidenden Moment dann nicht war

Leute mit Kultur sind vielleicht, wenn man sie kennenlernt, wie alle anderen, aber als Unbekannte sind sie erträglicher als die anderen

Frauen vom Typ der »Trümmerweiber«, die gleich nach der Katastrophe wieder mit dem Aufräumen anfangen würden: sonst werden sie »beharrlich« genannt, »das Salz der Erde« – und doch die Vorstellung, daß ihr Ordnungseifer krankhaft ist: sie tun blindlings weiter, wo es das Richtige wäre, die Katastrophe gewähren und die Welt endlich verschwinden zu lassen

Bin ich nicht von dem romanischen Kirchenschiff meines Heimatdorfes beeinflußt? (*Das* wäre Psycho-Analyse)

Kafka und ich als die zwei Balken des Andreaskreuzes

Die Leidenden und die Sich-Freuenden der Romanik: als wüßten sie davon mehr als die Leidenden und Sich-Freuenden anderer Epochen

Der entkommende Dieb: das Sinnbild der Sinnlosigkeit

Achtung: alles hier ist geschrieben in einer Friedenszeit, und unter dem Zeichen des Friedens

Angesichts des Gral: Überlege vor allem, was du nicht fragen darfst

Der schüchterne Meisterkoch: macht Meisterschaft denjenigen nicht immer etwas schüchtern?

Schönheit, die ich mir nicht selber erobert habe, macht mir jedesmal leicht Angst

Auf dem Platz vor der Kathedrale stand im Mittelgrund ein Hochzeitspaar, allein im Kreis der es Umgebenden, und ganz vorn im Blickfeld saß ein modernes Paar auf der Caféterrasse (Henna, Tennisschuhe, literarische Zeitschrift): angesichts des Brautpaars umschlang sich das zeitgemäße Paar heftigst, zugleich aber ohne jede Inbrunst – das Hochzeitspaar, nur steif dastehend, gewann – das moderne Paar gab auf und blätterte Zeitung

Der Geist singt nicht, erzählt nicht, aber er schweigt auch nicht: er will und wird, notwendig, Schrift

Wenn ich wirklich (vollkommen) ruhig (umfassend, sachlich) schaue, spüre ich das dritte Auge auf meiner Stirn; spüre ich meine Stirn als drittes Auge

Die Schrift muß sein wie ein schwieriges Schachspiel; jedes Wort ein Zug

Ein Erlebnis erscheint immer als Metapher (die Schrift braucht nicht gesucht zu werden)

Der Körper drängt zur Anstrengung (zu einer freilich, die ihn nicht knechtet); und dadurch weiß ich dann erst, was gewesen ist

Der Gottvater schwebte über dem leidenden Sohn, mit einer Ruhe im Gesicht, die zugleich Verachtung war – eine heilsame Verachtung (13. Jahrhundert)

Rührung, wenn etwas mit Sorgfalt gemacht ist (auch nur ein Sandwich – gerade ein Sandwich)

Durch Mich-Vergleichen erst finde ich mich: und nur mit den Klassikern kann ich mich, Satz für Satz, vergleichen, mich unterscheiden und so mich finden – die meisten wollen lesend, schauend, usw. *unmittelbar* sich finden: so verlieren sie sich (z. B. an die Musik). Ich kann nur geduldig vergleichend etwas von mir herausfinden (Pont-de-Ruan, Balzacs Landschaft)

Ich warf mit einem blauen Kiesel jemand anderem seine bunte Kieselmauer um

Nicht blind bin ich manchmal (was mir gut täte), sondern blindlings (was mir schadet)

Jede metaphysische Wahrnehmung hinterläßt eine Spur und schafft, formuliert einen Weg; die Traumlandkarte gilt immer wieder

Müßte man manchem Strich eines Malers nicht auch ein Zurückschrecken anmerken – etwas, das mehr ist als ein bloßes Zittern oder Zögern?

Gerade noch in der Gemeinschaft ihrer Schulklassen, sind die jungen Mädchen nun allein aufgebrochen, den Blick unter der Hutkrempe auf das Pflaster gesenkt, ein bißchen abenteuerlich, kurzfristig

Auf einer Steinbank in der morgendlichen Allee saß eine Elster, und auf der Steinbank gegenüber saß ihr Pendant

Ich bin jetzt weniger verrückt als ich als Kind war

Ein Schriftsteller erlebt, was alle erleben, er erlebt nur das Gleichnishafte daran

Mit einem Kind fängt vielleicht das Glück an, aber man hört auch auf, selber glücklich zu sein

Das Gesicht Jesu im Schweißtuch: dieser Tote ist ja wirklich ganz tot! (Schreck und Grausen)

Die Natur für sich sträubt sich vor der Beschreibung, wie auch die Zivilisation für sich; wohl aber bin ich ganz versessen auf die Orte, wo Natur und Zivilisation *zusammen* sich zu einer Art Arkade fügen; versessen auf die überall anzutreffenden Bauelemente für die Weiße Stadt. Nicht der kleine Moränensee hier in der unberührten Natur wärmt mein Herz, sondern die Flußbrücke, an der ich vorhin lehnte, oder die niedrigen Steinmauern in der Weidelandschaft

Der Sterbende, wenn er zurück ins Leben fände, könnte viel sagen – aber nicht jetzt als Sterbender

Nachdem ich lange die alten Bilder betrachtet hatte, auf denen das Baumlaub noch Rosen bildete und die Flüsse noch unreguliert waren, sah ich dann draußen auf der Straße ein Mädchen mit Kirschen zwischen den Fingern. Es war tatsächlich aber nur der Autoschlüssel

Episch fühle ich (mich), wenn ich Leute, die ich bis jetzt nicht verstanden habe, auf einmal verstehe

Für dieses Kind ist die erste Tatsache an einem Ding jeweils die Farbe (für mich leider nicht)

Wiederholen (gut wiederholen) kann ich nur das Ereignislose

Würde ich mich entschließen, ein Bösewicht zu sein, so wäre ich endlich auf Dauer geistesgegenwärtig

Gerecht: bin ich (wenn ich gerecht bin, bin ich)

Ich kann nur das ganz und gar Ereignislose wiederholen, wobei aber doch etwas in den Augenwinkeln mich erfreut hat (das Licht des Tages, oder die Dämmerung); selbst ein Sonnenuntergang ist schon ereignishaft und unwiederholbar; ja ich kann nicht einmal ein bestimmtes Licht wiederholen, oder eine Dämmerung, sondern nur einen *Weg* (und muß dabei auf alle, auch die neuen, Steine gefaßt sein)

Das sommerlich verschiedene Grün der Bäume am Waldrand hier hat alle Farben in sich, und es macht jedes Ding deutlich, und es ordnet jedes Ding zum andern: diese Bäume da sind mehr als die *zwölf* Apostel, aber sie haben, verschieden *und* eins, etwas von Aposteln, vielen, vielen zusammen. Es herrscht eine ungeheure Vielfalt der einen Farbe Grün, und kein Baum ist der König – nicht einmal die Lärchen –, und jeder hat seine besondere Geste, Haltung, Gestalt (womit die Blätter oder Nadeln emporstehen, hängen, sich bauschen, pelzig, wolkig sind, leuchten, matt sind, Glanzlichter setzen oder still sind): Vergiß das nie in deinem Herzen, laß das nie aus deinem Herzen, da Stehender: das ist überliefernswert, das vielfältige Grün der Bäume ist die Überlieferung

In einer geglückten körperlichen Vereinigung: tauschen da nicht zwei miteinander einen starken, unvergänglichen Impuls aus?

»Dich liebend, erwache ich zu mir«: auch: Dich liebend, er*wachse* ich zu mir

»Meine zarte Seele«, schreibt Balzac; und das steht so da, als sei »zart« das natürliche Beiwort für jede Seele

Ich bin sicher, daß es keinen anderen Weg gibt als den meinen; aber manchmal weiß ich nicht, ob ich auf einem Weg bin

Jemand, der von sich sagt (viele sagen es): »Ich habe meine Sprache gefunden und bin meiner Mittel sicher«, der ist für die Kunst abzuschreiben

Dem Blick so vieler kann ich nicht standhalten, weil es der Blick von Lügnern ist, von Schwindlern: der übertrieben offene Blick von Schwindlern

»Kindlich/unüberwindlich« (Goethe, 232 Jahre alt)

Das einzige Diskussionsthema für mich ist die Todesstrafe

Ein Spatz auf dem Fensterblech holte mich aus der düsteren Grübelei ans Sonntagslicht

Mit anderen: die Schuld; allein: die Unart (die Schuld ist besser – fruchtbarer)

An den einstigen Orten und Stätten der äußersten Langeweile erlebe ich jetzt das tiefste Daseinsglück: etwa auf Bahnhöfen, nachmittags, auf dem Land

Es gibt Leidens*mienen*, und es gibt Leidens*gesichter*: diese alte Frau da hat ein Leidens*gesicht*, indianisch vor Leiden

Die Mutter führte das Kind auf den Stelzen draußen herum; dann schrie das andere Kind im Haus, und die Mutter stürzte hinein und ließ das Kind auf den Stelzen draußen allein

Das Wahrgenommenwerden wird spürbar als leichter, sanfter Hauch, als ein Umfächeltwerden; dagegen das Beobachtetwerden . . .

Die Niedergeschlagenheit setzt ein, wenn ich zu allem, was ist, nur noch sagen kann: »Na und?«

Manche warten derart begierig darauf, daß man in ihren Blick geht, daß ich nicht weiß, warten sie auf ein Opfer, oder warten sie auf einen Gott

Es gibt welche, die sind einmal, und auf einmal, so böse geworden, daß danach auch kein Selbstmord mehr in Frage kam; sie konnten nur immer noch böser werden, und müssen vor allem so böse bleiben (und dabei ist das Böse, und sind die Bösen, so uninteressant)

Ich sah wieder einmal, am Bahnhof, die Schönheit der Menschen, der Menschheit, des Menschengeschlechts, und nahm mir vor, dieses nur noch so tief, so ruhig, so farbig, so machtvoll darzustellen wie Tizian

Ein nachzuliefernder Traum von Kaspar Hauser: Als er endlich auf seinen Füßen stehen konnte, mußte ihm seine Mutter noch die Hände reiben und wärmen, damit er nach den Gegenständen greifen konnte

Liebe, Sorgelust

Früher habe ich mir die leeren Gegenden mit weißen Städten voll gewünscht; jetzt möchte ich, wünsche ich, will ich erreichen, daß die leeren Orte ewig so leer bleiben, beispielhaft, energisch, kräftigend leer, beispielleer

Wer bin ich? Der Götter-Bote, für die kurze Zeit meiner Gesundheit; und das heißt auch, ich muß mit aller, auch letzter, Kraft, meine Sterblichkeit vernachlässigen

Was ich viel zu selten beherrsche: Die Kunst des langen Blicks (in dem alles und nichts wäre)

Der Lügner, der nicht mehr *entschlossen* lügt, wird zum Heuchler

Ich erwarte keinen Gott, außer in der abenteuerlichen, gefahrvollen Arbeit: nicht im Abenteuer, und nicht in der Gefahr, aber in der abenteuerlichen, gefahrvollen Arbeit

Scheußlich jene, die Fragen stellen, ohne die Kunst und ohne das Bedürfnis, zu fragen: Lob des Parzival

Kann nicht auch jemand wie ich so ausführliche und enthusiastische Beschreibungen von Menschen geben wie Balzac? – nur eben nicht von ihnen als von »Personen der Handlung«, sondern als von »Passanten«: und das wäre die uns heute entsprechende Epik? – Es gäbe da keine Verwicklungen mehr, nur die Beschreibung einer Mehrzahl von Passanten, und diese Beschreibung stünde für sich und leuchtete?

Es gibt nichts, was mich verlegener macht als Redensarten (»Wir freuen uns, Sie wiederzusehen«)

Es existiert, für eine gewisse Haltung, ein noch besseres Wort als »Neid«: »Mißgunst«, »Mißgönnen«; und wer mißgönnt? Die *ständig* Heillosen, die Kleinlichen, die, ja, geborenen Freudeverderber (ich beneide ab und zu; aber Mißgunst habe ich noch nie empfunden)

Es ist schon so: Ich suche Streit

In den unfreien Weltgegenden beklagt man sich: »Jemand folgt mir«; und in den nicht unfreien: »Niemand folgt mir«

Balzac richtete mir ein Haus her in einer rauhen, leeren Gegend, wo aber vor die Haustür immer wieder dunkler Rauch angepufft kam, und alle Hügel gewaltige Stein- und Schotterbrüche wurden. Dann, als das Haus notdürftig für mich bereitet war, starb Balzac. Ich aß eine große Frucht voller schwärzlicher Punkte, die dann doch Würmer waren. Vorher war ich in der Oper gewesen und nach ein paar Takten geflüchtet, aus Angst, über die Brüstung weg ins Nichts zu fallen. Mit mir verließen den Raum: eine alte Frau, die von ihrer Mutter in einem Kinderwagen weggebracht wurde, und ein Kinderwagen mit einem richtigen Säugling

Eine Gaststätte, zu quick, verdient nicht den Namen; aber auch in einem gar zu langsamen Restaurant, ohne einen Zug darin, gibt es kein Gefühl einer Mahlzeit

Im Schoß der schönen Frau lag der berühmte Schwan als zerknüllte Papierserviette; aber die Beglückte erschien davon ganz unberührt

In einer weiten Landschaft saß ein Unsichtbarer, vor dem Gesicht einen Fetzen mit dem Aufdruck BILD

»Verschwitzt« ist ein gutes Wort für vergessen (ich ging bergauf)

Jetzt kann ich es sagen: Der Ausgangsort für einen Künstler ist das, zeitweise, Hochgefühl einer mächtigen Leere in der Natur, die er dann später vielleicht, mit dieser Leere als Antrieb, mit einzelnen Werken erfüllen wird, die danach aber immer wieder – Zeichen, daß er Künstler ist! – neu als mächtige, lustmachende Leere zurückkehren wird: als wallende Leere

»Dich werde ich mir merken!« – Das denke ich, wo das so viele im bösen sagen, im guten (Epik)

Eine Gruppe von Schwachsinnigen bewegte sich, geneigten, baumelnden Kopfes und verzogenen Gesichts, durch die Stadt, und ich wollte mich dieser liebenswerten Gesellschaft anschließen, für immer

Immer mehr Leute tragen Digitaluhren, so daß ich, als jemand ohne Uhr, immer öfter den Entgegenkommenden vergeblich auf das Handgelenk blicke

Balzac nennt die Seele »diesen menschlichen Stern«

Leider lüge ich viel weniger als früher

Balzac konnte zum Epiker werden, weil er die (eine) Landschaft liebte (ich dachte zugleich an Kleist, der mit fünfunddreißig Anekdoten schrieb, bzw. schreiben mußte; dagegen Balzac: »Die Lilie im Tal«)

Wenn es keine Todesstrafe mehr gibt (sie wurde gerade in Frankreich abgeschafft): was habe ich dann noch zu erzählen?

Die alte Frau warf dem unten auf der Straße stehenden Mann einen Schlüsselbund aus ihrem Dachfenster. Der Mann fragte: »Welcher Schlüssel ist denn für die Haustür?« – Die alte Frau: »Der schönste. Jedenfalls nicht der mit den Zacken.«

»En Allemagne« bezeichnet im Französischen eigentlich einen hellen Bereich

Sich vorwagen gehört wesentlich zum Schreiben – wie dann auch die nachträgliche Verlegenheit des Verantwortlichen

Die Illusion *verstärken* (= Schreiben; = Kunst)

»Endlich wirklich!« – so müßte der Ausruf vor einem Kunstwerk sein

Wenn es mir gelingt, gerecht zu sein, gegen mich, gegen den Tag, gegen die anderen, dann verfliegt auch jede Schwermut: und das ist das Erlebnis des Wortes, des Zeichens »Gerechtigkeit«

Was mir immer wieder fehlt: daß ich nicht in einem *deutlichen* Kampf bin (höchstens in einem undeutlichen)

Weißer Dunst lagerte flach über der Wiese; darüber die Sichel des zunehmenden Mondes, die Venus, der Himmel ohne Wolken: der Abend war schön – und der Gott war fern

Betrachtung heißt: Ich werde dem Gegenstand einverleibt und von diesem beseligt

Beim Lesen alter Aufzeichnungen denke ich manchmal bedrückt: »Ja, so war ich«, und manchmal, befreit: »Ja, so bin ich!« (Allmählich kann ich umschreiben, was »das Sein« ist)

Die meiste zählende (oder die jedenfalls immer wieder aufgezählte) Literatur in diesem Jahrhundert ist von enthusiastisch Kranken; ich aber weiß, daß ich, wäre ich einmal endgültig krank, nicht enthusiastisch wäre (und selbstverständlich auch nichts schreiben würde)

Wer ein bestimmtes Denksystem hat (im Sinn des »Spielsystems«), und mit dessen Hilfe nichts tut als unablässig aufklären, aber nicht als jener notwendige, menschenfreundliche, wunderbare Aufklärer des »Zeitalters der Lichter« (Voltaire, Diderot), sondern als professioneller, vor Durchschau-Zwang blickloser Denkpolizist mit Aufklärungsfimmel, der ist verdorben; halt dagegen zeitlebens die unschuldigen, naiven Denker hoch, wie Ludwig Hohl

Mir fehlt manchmal: nichts – und gerade dann will ich das festhalten, will ich das (später) beschreiben

»Auf der Straße nichts als die Straße, und in deinem Haus: nichts; nicht einmal die Straße« (Antonio Porchia); derselbe: »Der Mensch, wenn er weiß, daß er etwas Komisches ist, lacht nicht«; derselbe: »Ich liebe dich, wie du bist, aber sag mir nicht, wie du bist«

Ich beschloß, aus einem weiten Land zu sein

Das Erleichternde, mich leicht Machende, beim Lesen einer Erzählung, wie etwa bei Balzac, ist das Ausholen, das gelegentliche, des Autors (ist, statt einer horizontalen Comédie humaine, eine vertikale denkbar, die aber gerade den Horizont erweiterte?)

Die Leute mit ihrem heutigen Gebaren wissen wohl alle, daß dieses sich nicht gehört: deswegen verdeutlichen sie es noch, frech, eine Spur verlegen

Zum Schreiben genügt bei mir die Lust allein nicht; es muß auch die Not dazukommen

Aber warum kommen mir die Gestalten im »Chagrinleder«, im »Landarzt«, im »Dorfpfarrer«, usw. am Ende doch so abgeschmackt und ausgelebt vor?, samt ihrem Verhalten, ihren Verhältnissen, ihrer Geschichte? – Vielleicht, weil sie Typen sind, und vor allem, weil sie nicht alles sind, und nicht nichts; es ist ihnen durch das Beschreiben die mächtige Leere (etwa des Odysseus, und später des Joseph K. oder des Valentin S.) genommen, und es fehlt ihrer Fülle die Offenheit: sie sind nicht göttlich-menschliche Jedermänner (aber vielleicht trifft auch zu, das Abgeschmackte an Balzacs Geschichten sei – so Simenon –, daß es in ihnen immer »um Geld« geht)

Die Irrtümer der Lebensfreude – vielleicht; die Irrtümer der Harmonie – vielleicht; aber wenigstens habe ich diese paar großen Irrtümer begangen

Kafka macht einem doch Mut, sich zur eigenen Unfähigkeit zu bekennen

Als Kind ließ man mich sein (ich wurde also gut erzogen)

»Von der minderen Welt habe ich mich losgesagt«, dachte er. »Und bin ich jetzt in einer höheren? – Nein, einsam bin ich.« Und er blickte sich in die Augen: keine Antwort. Gewaltig! (Und die Spinnen hangelten sich heiter quer durch die mitternächtlichen leeren Räume)

Ein begeisterter Säugling: begeistert von sich selber, und vom Augenpaar des anderen

Die bestimmende Vorstellung des Kindes war es einst gewesen, daß die sichtbare Welt bloßer Traum sei und jäh platzen würde, worauf dann das Wirkliche erschiene; die bestimmende Vorstellung des Erwachsenen dagegen wurde: die sichtbare Welt ist es, »ist es schon«: das Sein, sich einprägend durch die Formen

Zu »Bestimmung« (»meine Bestimmung«, usw.): Handelt es sich nicht eher um ein Nicht-angenommen-werden durch die anderen, den »Kreis«, was in der Folge dann von dem Betroffenen in »meine Bestimmung«, »ich habe eine Bestimmung« umgewandelt wird? Ja – aber ist dieses Verwandeln nicht doch eine, seltene, Kraft, und gibt es also nicht doch die Bestimmung?

Unwürdige Einsamkeit: ich bin allein mit dem, was ich bin; würdige Einsamkeit: ich bin allein mit dem, was ich tue

Manchmal möchte ich den Schmerz aus mir herausschreien. Und zugleich frage ich mich dagegen: »Welchen Schmerz?«

Es ist seltsam: Der und der hat mich heute angesprochen, die und die haben mich angestarrt, der und der hat mich »erkannt« – und jetzt, am Abend, denke ich: Niemand sieht mich, niemand bemerkt mich, niemand erkennt mich

Ein paar alte Weiber gingen, humpelten, krochen, schlichen über den Zebrastreifen. Sie sprachen von einem sie betreffenden Übelstand und verglichen ihn mit dem Tod: »Aber beim Tod werden wir nicht einmal *gefragt*!« Und sie lachten, kicherten, prusteten, schrieen vor Übermut

Erlöst von ihrem Körper, wurde sie zu ihrem Körper und freute sich ihres Körpers, wie auch er sich ihres Körpers freute, erlöst von ihrem Körper: so sollte es zugehen zwischen Mann und Frau (phantasierte ich)

Halt fest, was du immer wieder von Unbekannten, nach ihrem Anschein urteilend, Falsches (schlecht) gedacht hast – *und* zugleich, wie erlösend du jeweils widerlegt worden bist: zum Beispiel gestern die Frau im Zug, die – so deine vorgefaßte Meinung – beim Aussteigen gleich Ausschau halten würde nach dem Mann, der ihr den Wagenschlag offenhielte: und dann kam der tatsächlich Ausschau haltenden Frau nur ein Kind entgegen, und du sahst dann die Hand der von dir im stillen verleumdeten Frau auf der Schulter des Kindes; usw.

Kinder werden hereingetragen zur geistlos dahinleiernden Meßfeier: Hoffnung, daß sie stören werden (Veni, Creator Spiritus)

Jeder Priester müßte sich doch die ganze Woche (oder jeden Tag) darauf freuen, das Evangelium zu verlesen. Aber wie ist es wirklich? (Rhetorische Frage) – Die Mikrophone als der Tod der Frohbotschaften

»Der Betrachter« hält jedem Blick stand, mehr noch als Kafkas »Schauspielerin«. – Und in welcher Epoche bin ich der Betrachter? – In einer Epoche, in der nur noch das Absprechende zu gelten schien (das nicht einmal ein Ab*gesang* war) – Aber dring durch das alles durch, Betrachter, zumindest diese Tagessonne lang

Nach Lukrez besteht die Seele aus ganz runden, zugleich ganz winzigen Samen, damit sie, »von kleinem Ruck gestoßen, schon rühren sich könne«, und er vergleicht sie mit dem Mohn, bei dem ein leiser Windhauch genügt, und »es stiebt von der Spitze der mächtige Haufe«

Die Erzählung, das Erzählen, ist die Moral: handle so, daß du dir deine Handlung als Erzählung vorstellen kannst (handle so, daß deine Handlungen sich zu einer Erzählung fügen [könnten])

Schön ist es dort, wo es hoch *und* friedlich zugeht (und es liegt, im Frieden jedenfalls, alles an meinem Blick)

»Das Gedächtnis«: So wünschte ich mein Denken – daß es das pure Gedächtnis wäre

»Warum gehst du nicht fort als ein Gast des Lebens, gesättigt?« (So möchte Lukrez uns und sich die Todesfurcht vertreiben)

Goethe stand der Raum, in den er hineinschreiben konnte, im großen und ganzen frei da; einer wie ich muß diesen Raum erst schreibend schaffen (wiederholen); daher ist das, was ich tue, vielleicht lächerlich? Nein

»Schonend sich zusammennehmen« (Hölderlin): so wäre das Gleichgewicht beim Schreiben zu halten

Als seien im geglückten Schreiben Lieben und Helfen vereint (jeder Nicht-Künstler schweige endlich über die Kunst)

Picasso wird ständig gelobt für seine »Wandlungsfähigkeit«: aber die Verwandlung ist doch etwas grundanderes als Picassos »Aussuchen von Möglichkeiten«; sie ist nie ein Charakterzug des jeweiligen Künstlers, sondern liegt in der Natur der Kunst(ausübung); und der Ausübende erlebt sie immer als Gewalt gegen sich, als sein drohendes Ende. Erst wenn sich ein Übergang abzeichnet (»im Leiden fruchten die Übergänge«, E. Jünger), war es, im nachhinein, die Verwandlung; er, der Ausübende (der schwermütige Spieler) hatte keine Wahl. – Es gibt keine *Fähigkeit* zur Verwandlung, sie ist das allerschmerzhafteste Muß (»Die Schwelle sei nicht *irgendeine* Schwelle«, Ludwig Hohl)

Horaz will nicht mit Kriegsliedern »den Ruhm der Helden entweihen«

Was heißt »Übermut tut selten gut«? Ich bin ohnedies nur selten übermütig

Vielleicht, wie die Saurier einen zu großen Körper hatten, haben wir Menschen eine zu große Seele, und müssen deshalb aussterben

»Leidest du?« – »Ja. Aber ich weiß nicht, ob zu viel, oder zu wenig, oder gerade richtig.«

»Das Chagrinleder«: Auch Balzac ist jemand, der seinen Helden nicht rettet, sondern ihn, seltsam enthusiastisch wie so viele Schriftsteller, zugrundegehen läßt (gibt es in der Literatur nicht doch eine Fortentwicklung?)

Vielleicht kann man auch von den Gefühlen eines Tiers etwas sagen, z. B.: »Die Katze freute sich der Sonne«

In diesem Jahr habe ich noch nichts mit einem Vorsatz geschrieben (wäre das nur immer so möglich); und ich habe das meiste im Gehen, im Freien, geschrieben (wäre das nur immer so möglich)

Im Morgennebel war die violette Blume, die letzte des Jahres hier, wieder ein klares Leuchten: sie will bemerkt, beschrieben, erfaßt werden; es soll von ihr die Geschichte erzählt, oder der Bericht geführt werden, von ihr, der einzigen und letzten Blüte an dem hochaufragenden Glockenblumenschaft, der aus dem Nagelfluhfelsen wächst. Diese Blütenglocke hat etwas von dem Karfreitagsviolett, aber ohne die Bedeutung »Leiden«: es ist ein Verhüllungsstoff, zugleich ein Enthüllungsstoff, und zugleich selbst der verhüllte, sich enthüllende Gegenstand

Ich muß mir immer bewußt sein, daß die Künstler von früher es jedenfalls besser gewußt haben als ich jetzt; deswegen nähere ich mich ihren Werken mit Vertrauen

Diese Blüte am Stengel ist also die letzte im »Jahreskreis«, der, am Stengel betrachtet, eher eine Jahresspirale ist

Warum suche ich auf den Schwellen immer die Schrift oder das Bild? Die Schwelle selbst ist ja schon Schrift und Bild

Die Lärchen, mit den hell welkenden Nadeln, erinnern an etwas: an etwas nicht zu Bestimmendes – an etwas: und so erst werden die Dinge benennbar für mich: indem sie an etwas erinnern. – Sie erinnern an etwas im Frieden. Es sind Gegenstände aus dem Reich des Friedens, zu übertragen – einen Augenblick lang übertragbar werdend – in das Reich der Kunst

Die Milch schäumt nicht mehr aus den Eutern wie bei Homer, aber immerhin schäumt sie

Die Ungeduld nimmt in der Brust die gleiche Stelle ein wie der Schmerz; nur drückt sie dumm nach außen, wo der Schmerz böse nach innen saugt

Ich ließ mir den Schnee von den Zweigen ins Gesicht rieseln und dachte: Es gibt genug Jetzt-Gegenstände; ich bin nur zu schwach für sie und lasse mich immer wieder ablenken von den Unzeit-Gegenständen, die, wie Reklame, Schlagzeilen, usw. nichts tun als ins Auge springen. Die Jetzt-Gegenstände stehen freilich nicht von vornherein frei da – ich muß sie angehen

Tagtäglich entsteht in mir eine Kraft, jetzt etwas Entscheidendes zu sagen, wobei ich dann aber nur, allein im Raum, wild um mich schaue

»Bedeutung heißt Übersetzbarkeit«: die Lärche, die mich an etwas erinnerte und so »übertragbar« wurde: Bedeutung heißt, daß mir etwas phantastisch wird und einen Vergleich ermöglicht; daß mir etwas sichtbar wird; mir etwas wird

Balzac erzählt von Häusern, Räumen, Einrichtungsgegenständen, usw. oft in der Gegenwart, als handle es sich dabei, auch wenn es nur Unterschlüpfe und Feldhütten sind, um Kirchen oder Paläste

Draußen, wo vor ein paar Tagen noch die violette Blume wirkte, wirkt jetzt der Schnee

Der schönste Raum bleibt doch: »in deiner Gegenwart«

Wildes, d. h. nicht-wissenschaftliches Denken, glaube, so der Wissenschaftler, alles zu verstehen und sei nur »Illusion«; siehe aber Nietzsche: »die Kraft der Illusion«

Er hatte mich vor einem Monat Balzac lesen sehen, und jetzt sah er mich wieder damit und fragte: »Lesen Sie immer noch Balzac?«

Natürlich will ein Künstler nicht bewundert, sondern in treusorgender Ironie betrachtet werden

»Du hast meinen Augenblick« ist wie: »Du hast mein Wort«. Oder: Dem »Du hast deinen Augenblick« entspricht »Du hast mein Wort«

Endlich einmal sah ich einen Laufenden, der kein Läufer war, sondern einfach übermütig dahinlief

Auch Frankensteins Monster zögerte auf der Schwelle (zur Einsiedlerhütte)

»Ein guter Mann hat mich zu seiner Frau gewählt. Darauf bin ich stolz« (sagte die Frau um Mitternacht im Western, unter großem Brausen des Windes)

»Bedeutung ist Übersetzbarkeit«: eine Metapher wird möglich – wenn eine Bedeutung da ist, gibt es auch eine Metapher, das Recht zur Metapher; ich kann reden, ich kann endlich reden; ich habe von der Welt endlich etwas zu sagen, und sei es auch nur von den Schneeflokken gerade, die, wie sie sich bewegten, auf einmal etwas bedeuteten: »Insekten«? »Lufttierchen«? – Nein, eigentlich war die »Übersetzbarkeit« mehr die Bewegung: die Metapher müßte also in einem Zeitwort erscheinen, nicht in einem Hauptwort; und dieses Wort finde ich jetzt nicht – aber: es steht mir ab jetzt frei (ich werde es, im verknüpfenden Schreiben, am richtigen Platz einmal, oder mehrmals, einsetzen können)

Das Retardieren-Können beim erzählenden Schreiben kommt erst aus den tiefsten Lebens-Erfahrungen; und nur durch das Retardieren führt Geschriebenes zum Sinnen (nur das will ich noch lesen, worüber ich »ins Sinnen« kommen kann), und zur Nachwirkung; wehr dich gegen das Suggestive; halt inne, als Schreiber wie als Leser

Ich entdeckte heute, bei der Erzählung der kichernden Marktfrau vom Bankrott des Ladens gegenüber ihrem Stand, in mir eine Freude an der Bosheit der Menschheit

Von einem Schriftsteller sollte man niemals sagen dürfen: »Der Arme«, und schon gar nicht dürfte er selber das sagen – der »arme B. B.«; man *kann* nicht sagen: »Der arme Kleist«, »der arme Hölderlin«, »der arme Robert Walser«

Der Mythos besteht aus Wiederholungen: vergleichbare Geschehnisse mit verschiedenen Personen an verschiedenen Orten zu verschiedenen Zeiten

Der Künstler ist die Instanz im Menschen: das Gerechte; so ahnt natürlich auch der Höllenmensch, was ein Künstler ist, auch wenn er sich dumm stellt; Vauvenargues: »Die Schriftsteller nehmen uns unser Gut und verkleiden es, um uns das Vergnügen zu geben, es wiederzufinden«

Der Ort der Literatur ist das Paradox: d. h., der Übereinkunft wird entgegengehalten, wie es sich wirklich verhält (freilich nicht das *logische* Paradox, »die ärgste Denkunart«, Nietzsche)

Der Maler erzählte, was ihn zum Bildermachen gebracht habe, sei das Bedürfnis gewesen, etwas zu schaffen, das für alle »eine Freude« wäre. Später aber habe er sich seiner Anfangsidee geschämt, er habe sie sogar vergessen

Ich glaube jetzt zu wissen: Es gibt zum einen das schweigende, das ruhige Ich, und zum zweiten das auf dieses einredende, andere »Ich«: dieses schmeichelt jenem, lobt es, verhimmelt es, *und* verteufelt es dann, immerzu sprechend, ausdrückend, meinend, urteilend, einordnend, vergleichend, sich selber kommentierend – immer jedenfalls (das merk dir) dabei, das stille, das ruhige Ich zu verderben. Dieses Gerede-Ich, mit nichts beschäftigt als das ruhige Ich anzureden, sieht keinen Baum, hört kein Rauschen, spürt keine Wurzel unter den Füßen – es redet nur immer, zwischenträgerisch, verderblich (wie Goethes »Mittler«), während das ruhige Ich, wenn es endlich einmal das mephistophelische Ich los wird, ganz Auge, Ohr, Nase, Haut – Natur wird (eigentlich ist das andere Ich nicht das mephistophelische, sondern das törichte). – Und dann gibt es eines, das die beiden gegensätzlichen Ich umschließt und die Gegensätze im guten aufhebt: das innehaltende, verlangsamende, phantasierende, ausdrückliche Denken: dieses ist dann meine strahlende Rüstung; oder: das phantasierende (umphantasierende) Ich ist mein Schreiber

Die letzten Eichenblätter schienen, schon bevor sie dann in Schwärmen durch die Luft flogen, abflugbereit in ihren Bäumen auf den Zweigen zu stehen. Sehr hell trieben sie dann durch den dunklen Tag; und ich stellte mich ans offene Fenster und ließ aus dem Spitzgerät die Bleistiftspiralen mit dem Herbstlaub mitflattern, als meine Art Blätter

Frage an Matisse: »Glauben Sie an einen Gott?« – »Ja, wenn ich arbeite.« (Der das zitierte, hielt die Antwort für einen Witz.)

Unheimlich und unappetitlich sind die Allesleser (die Zeitschriften genauso lesen wie Bücher, Bücher genauso wie Zeitungen)

Wenn ich ständig »in mir ruhe«, schlafe ich ein – aber nicht friedlich, sondern so wie ein Fuß einschläft

Die Form zu schaffen, bedeutet, beschwerdefrei zu werden; umgekehrt wird die nicht geschaffte Form zur Beschwerde

Ein Künstler tritt, wenn er spricht, nicht als Philosoph auf, nicht als Gesetzgeber, nicht als Lehrer, aber auch nicht als Künstler, sondern als: »Endlich ich!«

Nachspielen kann man nur das Dumme und Böse; deswegen hat es die sogenannte kritische Literatur so leicht (jedenfalls gerät sie nie in Gefahr, vor dem Nichts zu stehen)

Der Schnee – ein Aufatmen. Ja, aufatmen die Dinge! (Aufatmen/ die Dinge: so würde ich *M'illumino/ d'immenso* übersetzen)

Bei allen Aussage-Weisen ist die Antwort »Ja, so kann man es sagen« möglich; aber es bleibt doch eine Gewißheit von Mangel und, vor allem, von Ungerechtigkeit gegenüber den »ausgesagten« Gegenständen; und erst bei den Aussagen, den Formen, den Weisen der Kunst weiß ich, statt des »So kann man es auch sagen«: Ja, so ist es (endlich ist dem Gegenstand Gerechtigkeit widerfahren)

Als der alte Schauspieler, schön beiläufig, zu Goethe sagte: »Da ist dieses Musische . . .«, da wußte ich, was mir fehlt, und ich war froh darüber

Der Irrationalismus ist eine Denkunfähigkeit, der Rationalismus aber ist eine Denkfaulheit geworden; er bedenkt das Irrationale nicht mehr, sondern tut es nur noch ab in Floskeln des Denkens wie »Illusion«, »Predigt«, usw.: wobei allein schon die Wörter die Kritik ersetzen

An die Stelle der gleichermaßen die Herrscher wie das Volk umfassenden Sitten und Bräuche sind im Lauf der Jahrhunderte die dummen Gewohnheiten der einzelnen getreten (die dummen Streiche der Armen und Reichen)

Wie erschüttert ich bin, wenn einmal jemand mir gerecht wird

Jeder Mensch erlebt wohl die biblischen Geschichten, aber ohne die Ereignisse darin; jeder geht einmal nach Emmaus, aber da kommt ihm nichts entgegen als – die mächtige Leere

So wie ich etwas *nur* zu meiner Rettung unternehme, bin ich fast schon verloren

»Das Salz des Geburtstags«: so sah ich dieses gerade leuchten (vom Zucker, Mehl, usw. könnte ich dergleichen nicht sagen)

Die Kunst soll mich an das erinnern, was ich einmal geliebt habe, damit ich nicht als Verräter sterbe

Ich stand im Haus auf der Schwelle, und davor kreiste draußen im Hof eine ältere, wildböse Frau, im Begriff, mich anzuspringen und in das Haus einzudringen. Ich erwartete den Angriff. Auf einmal spürte ich, mitten in mir, die Augenfarben der Alten, und von mir ging, ungeheuer!, die Versöhnung aus, unwiderstehlich. Keine Schwelle war mehr zwischen uns beiden, und wir drehten in einer Art Tanz miteinander ins Haus. Die Versöhnung war ein unendlich Schwachwerden und ein unendlich Starkwerden, beides in einem

Den Mythos (die Wiederholung) ein*bürgern*

Die Literatur setzt mir die Lebensbrillen auf

Jetzt kann ich sagen, was »das Sein« ist: der Freudenstoff; Sein,/ Freudenstoff! *(M'illumino/ d'immenso)*

Ich liebe dich und mache mich über dich lustig. (Dich liebend, kann ich mich über dich lustig machen)

Der schöpferische Mensch sieht sich von Verrätern umgeben; und das ist recht so: er ist ja auch nicht legal

Sicheres Zeichen, daß einer kein Künstler ist: wenn er das Gerede von der »Endzeit« mitmacht

Ist Kafka dem Schwierigsten beim Schreiben – die Natur in eine Folge zu bringen – nicht ausgewichen? Hat er nicht, statt die Natur, immer nur deren Traumerscheinungen sehen wollen, deren Folge sich ja von selber ergibt. – Von einer Tageslandschaft möchte ich einmal bei Kafka lesen, von deren energischem »Eins gibt das andere«!

Das Fernsehen brennt mir die Seele aus. Aber, indem es mich am Abend ankoppelt an das andere Weltgeschehen, kann es auch als eine »kurze Wohltat« bezeichnet werden

Freundliche Empfindung: Die Farbe setzt sie fort

So viele der heutigen Texte fangen mit einem »Es gibt nicht mehr . . .« an (»Es gibt keine Wüsten mehr. Es gibt keine Inseln mehr . . .«, Camus); woher diese negativen Märchen? – Die Leser haben keine Literatur mehr

Das Schreiben besteht in einem sich wiederholenden Anstürmen, bis »es das« ist, oder bis ich, Anstürmender, stürze, mehr oder weniger tief

Ein Nicht-Schriftsteller (besser: der Als-Ob-Schriftsteller) ist auch daran zu erkennen, daß für ihn der Begriff »Illusion« von vornherein etwas Abfälliges ist

Jedes längere mystische Abenteuer – wie es das Schreiben ist – macht mich klarer, genauer, vernünftiger, und es zieht mich, den Leser, immer mehr von dem Geschlenkere Kafkas weg, hin zu dem hellen Tagwerk Vergils

Wenn ich geistesabwesend bin, wird mein Kind roh zu mir

Ich trage die weite Welt fragil in mir: sie ist mir für meine Zeitlang anvertraut

Beute deine paar Lebensträume schonend aus: dazu sind sie ja da

Nie bist du von einem Gedanken erschüttert worden – sonst würde ich an dem, was du tust, wenigstens manchmal das schöne Zögern sehen

Meine Traurigkeit – unsere Trauer

Jeder, den es nach Gerechtigkeit verlangt, der wird einmal einen Gott schmähen

Die »dem Volk aufs Maul schauen«: sie schauen tatsächlich nur aufs »Maul«, und keinem Volk

Indem ich zeigte, daß ich auch noch anderes zu tun hatte, war ich höflich zu meinem Gast

Wenn einer einmal ein Weltbild hat, wird er erbarmungslos; und die Gruppe mit einem gemeinsamen Weltbild wird mörderisch

Ich mag nicht, wenn mir der Weg erklärt wird

»Ich lese nicht mehr. Ich hatte einen Nervenzusammenbruch und will nun Psychoanalytiker werden.«

»Was machen Sie zu Weihnachten?« fragte der Marktmann. – »Ich bleibe zu Hause.« – »Da haben Sie recht. So kann Sie niemand beleidigen.«

Das Rauschen der Sommerbäume/ das Rascheln der Herbstbäume/ das Klicken der Winterbäume

Ich will dich urwüchsig und esoterisch (so wie ich mich will)

Phantasie heißt ja nicht »Alice im Wunderland« oder »Der Flüchtling versteckt sich in den Unterröcken der Großmutter«, sondern: an der richtigen Stelle den Fluß fließen, den Wind wehen, den Himmel blauen zu lassen

Gutes über sie denkend, nahm ich sie in Schutz

Die Menschen durchstehen die Jahrhunderte, und die Tiere (z. B. diese Katzen da) durchsitzen sie

Es gibt auch die Gefangenen der Schuhe (ich gehöre dazu)

Mitten im Winter läuten die Meisen wieder einmal den ewigen Frühling ein

»Liebreiz«: wieder einmal, herrliche deutsche Sprache; der Reiz zu lieben gibt eine Idee

»Ich habe dich noch nie lang ernst gesehn«, sagte die Frau lobend zu ihrem Mann

Du mußt dich hinabbeugen zu den Dingen; zu hochgewachsen bist du für die Schöpfung, Menschenaffe

Ich hasse Franz Kafka, den Ewigen Sohn

Der Geist ist daran zu erkennen, daß er zu wählen weiß; aber noch klarer ist der Nicht-Geist zu erkennen daran, daß er scheußlich wahllos ist

Jeder wartet darauf, daß sich sein Erschütterungserlebnis wiederhole – dabei müßte er sich nur daran halten

Rilke gebraucht das Wort »Einsamkeit« immer wieder ohne Dringlichkeit

Zwei Dunkelmänner sagten: »Jetzt wollen wir doch auch einmal das Geheimnis erforschen gehen!«, und zogen sich ihre speziellen Handschuhe an

Ich soll mich nicht beklagen über die Art, wie ich angegriffen, befeindet, befehdet werde: ich bin auf der Suche nach dem verlorenen Schatz und will ihn erobern; und dessen Wächter ist, wie seit je, der Unhold. Er hat keine Ahnung von dem Schatz und seiner Bedeutung, aber er ist sein Wächter (gerade er), und er muß ein Unhold sein

Indem ich etwas nur tue, um denen, die sagen, ich sei so und so, zu zeigen, daß ich ganz anders bin, wird das, was ich tue, schwach

Ich bin erlöst – seit ich mit fünfzehn William Faulkner las –, und bin seitdem immer wieder erlöst worden

Ich darf mich nicht auf die Gerechtigkeit verlassen, als auf meine Natur, meine Sache. Verlasse ich mich darauf, oder trumpfe ich vorschnell damit auf, werde ich scheinheilig

Es ist seltsam: Wer mir eine Wunde schlägt, schließt mir zugleich eine Wunde

In der Verlassenheit habe ich meine Menschheitsträume; sie sind nicht prophetisch, sondern wiederholend

»Fürchtet euch nicht, ich bin es!« ist der schönste Satz, der je gesprochen wurde; ein Satz für ein Liebespaar

Begeisterung will geteilt werden; und das ist das Problem: denn so wie man, auch noch so gewissenhaft, sie teilen will, trifft man zwangsläufig auf solche, die nie begeistert waren und auch in Ewigkeit nicht begeistert werden können: man betritt feindliches Land

Manchmal könnte ich bei jedem die Augenfarbe wiederfinden: aber das wäre dann tatsächlich Archäologie

Als ich gerade den ersten, kleinwinzigen, halb geöffneten, gelbschimmernden Hahnenfußkelch dieses Jahres sah, dachte ich zuinnerst: »Oh!« – Bin ich schwachsinnig, daß dergleichen mich so erfreut, und daß ich die eigentümliche Form dieser Freude festhaltenswert finde? Nein, ich bin nicht schwachsinnig. Aber vielleicht bin ich ein Verbannter. Vielleicht zählt dergleichen nur für einen Verbannten? Ja, dergleichen zählt nur für Verbannte: – und es geht an alle. – Und möchten wir Verbannten damit etwa siegen, heimkehren, wiederaufgenommen werden? Nein, wir möchten entwaffnen, entwaffnen, entwaffnen

Jedem kann man Schwäche vorwerfen, d. h. niemandem

Etwas Seltsames: Weihnachten, »die Geburt des Erlösers«, finde ich nicht zu feiern; wohl aber finde ich den Geburtstag eines Kindes zu feiern (sogar noch meinen eigenen). – Ostern, mit dem Karfreitag, und »die Auferstehung von den Toten« dagegen finde ich zu feiern. – Den Todestag von jemandem, mir noch so nah Gewesenem (und Nahem), aber finde ich nicht zu feiern

Wenn die Fliegen immer wieder gegen das Fenster stoßen, weiß ich nicht, ob ich den Fliegen böse sein soll oder den Erfindern des Glases

Die Sehnsucht nach dem Übersteigenden in mir werde ich nicht los (Hitchcock genügt mir nicht); vielleicht ist das »des Schrecklichen Anfang«?

»Pogromartig« mußte Mandelstam den Lindenflaum in der Mailuft nennen: es war ihm nicht erlaubt, so zu leben, daß er die Dinge beim Namen nennen konnte wie Vergil, der einfach sagen konnte: »tilia levis«, die leichte Linde

Nur in einem gewissen Abstand von dem, für den ich verantwortlich bin, fühle ich diesen in meinem Schutz. Entferne ich mich zu sehr, entfällt der Schutz, komme ich meinem Schützling zu nah, ist es ebenso. Was zählt, ist der Abstand, und dieser bildet eine eher kleine schwankende Spanne. Ich werde diesen Abstand nie wissen können, aber ich werde ihn immer suchen müssen

Ein schöner Wunsch für jemanden wäre: »Laß dich nicht erwischen!« (So wie ich gerade zur im Laub herumstöbernden Amsel sagen konnte: »Laß dich – von der Katze – nicht erwischen!«)

»›Ich habe es genau gewußt‹, dachte er. Schon oft in seinem Leben waren diese Worte ihm in den Sinn gekommen, aber jedesmal zu spät« (Emmanuel Bove, Ein Junggeselle)

Ein Liebespaar ging in der Landschaft, Enkel und Großvater, weit weg

Die glühende Kohle, die der Seraph dem Jesaja an die »unreinen« Lippen legt: derartiges müßte auch vor jedem Schreiben geschehen

Etwas hat Größe: es steht allen Menschen offen

Die Glocken, vor allem die am Freitag um drei, bestärken mich in meiner Schwachheit (»commune dolor« ist Petrarcas Wort für den Karfreitag)

Ich werde mich entschlossen verirren

(1981/82)

edition suhrkamp. Neue Folge

1 Gertrud Leutenegger, Lebewohl, Gute Reise
2 Hans Georg Bulla, Weitergehen
3 Von nun an: Neue deutsche Erzähler. Hg. v. Hans-Ulrich Müller-Schwefe
4 Franz Böni, Hospiz
5 Bodo Kirchhoff, Body-Building
6 Thomas Bernhard, Die Billigesser
7 Sinclair, Der Fremde
8 Octavio Paz, Suche nach einer Mitte
9 Tove Ditlevsen, Sucht
10 Hoffnung auf Frühling. Moderne chinesische Erzählungen. Bd. 1: 1919–1949. Hg. v. Volker Klöpsch u. Roderich Ptak
Hundert Blumen. Moderne chinesische Erzählungen. Bd. 2: 1949–1979. Hg. v. Wolfgang Kubin
11 Paul Feyerabend, Erkenntnis für freie Menschen
12 Norbert Elias, Der bürgerliche Künstler in der höfischen Gesellschaft. Am Beispiel Mozart
13 Stanisław Lem, Dialoge
14 Leo Löwenthal, Mitmachen wollte ich nie
15 William G. Niederland, Folgen der Verfolgung: Das Überlebenden-Syndrom. Seelenmord
16 Politik der inneren Sicherheit. Hg. v. Erhard Blankenburg
17 Der gerechte Krieg. Christentum, Islam, Marxismus. Red.: Reiner Steinweg
18 Darcy Ribeiro, Unterentwicklung, Kultur und Zivilisation
19 Uwe Johnson, Begleitumstände. Frankfurter Vorlesungen
20 Walter Benjamin, Moskauer Tagebuch
21 Dieter Leisegang, Lauter letzte Worte
22 Renate Rubinstein, Nichts zu verlieren und dennoch Angst
23 Hanna Krall, Schneller als der liebe Gott
24 Roberto Calasso, Die geheime Geschichte des Senatspräsidenten Dr. Daniel Paul Schreber
25 Nicolaus Bornhorn, America oder Der Frühling der Dinge
26 Winfried Menninghaus, Paul Celan. Magie der Form
27 Claude Lévi-Strauss, Mythos und Bedeutung
28 Der Neger vom Dienst. Afrikanische Erzählungen. Hg. v. Rüdiger Jestel
29 Rainer Malkowski, Das weiße Schloß
30 Roland Barthes, Leçon/Lektion

31 Das kontrollierte Chaos. Die Krise der Abrüstung. Red.: Reiner Steinweg
32 Die Museen des Wahnsinns und die Zukunft der Psychiatrie. Hg. v. Manfred M. Wambach u. a.
33 Alejo Carpentier, Stegreif und Kunstgriffe
34 Ernst Kris/Otto Kurz, Die Legende vom Künstler
35 Horst Antes, Poggibonsi 1979–1980
36 Wolfgang Glöckler, Seitensprünge
37 Manfred Jendryschik, Die Ebene
38 Christian Meier, Die Ohnmacht des allmächtigen Dictators Caesar
39 Das Afrika der Afrikaner. Gesellschaft und Kultur Afrikas. Hg. v. Rüdiger Jestel
40 Aufklärung und literarische Öffentlichkeit. Hg. v. Chr. Bürger, P. Bürger, J. Schulte-Sasse
41 Dalton Trevisan, Ehekrieg
42 Logik des Herzens. Die soziale Dimension der Gefühle. Hg. v. Gerd Kahle
43 Hans-Georg Backhaus, Marx und die marxistische Orthodoxie
44 Versuchungen. Aufsätze zur Philosophie Paul Feyerabends. Hg. v. Hans Peter Duerr
45 Julio Cortázar, Reise um den Tag in 80 Welten
46 Ernst Bloch, Abschied von der Utopie?
47 Karl Marx, Enthüllungen zur Geschichte der Diplomatie im 18. Jahrhundert. Hg. v. Karl August Wittfogel
49 Thomas Brasch, Engel aus Eisen
50 Hans Mayer, Versuche über die Oper
51 Maxime Rodinson, Die Araber
52 Eduard Heimann, Soziale Theorie des Kapitalismus. Theorie der Sozialpolitik
53 Renato P. Arlati, Auf der Reise nach Rom
54 Lao She, Das Teehaus
55 Max Kaltenmark, Lao-tzu und der Taoismus
56 Unsere Bundeswehr? Zum 25jährigen Bestehen einer umstrittenen Institution. Red.: Reiner Steinweg
57 Michael Buselmeier, Der Untergang von Heidelberg
58 Karl Heinz Bohrer, Plötzlichkeit. Zum Augenblick des ästhetischen Scheins
59 Kim Chi Ha, Die gelbe Erde und andere Gedichte
60 Tankred Dorst, Mosch
61 Anselm Glück, Falschwissers Totenreden(t)
62 Dambudzo Marechera, Das Haus des Hungers

63 Soziale Unterstützung und chronische Krankheit. Hg. v. B. Badura
64 Octavio Paz, Der menschenfreundliche Menschenfresser
65 Adolf Muschg, Literatur als Therapie?
66 Hans Magnus Enzensberger, Die Furie des Verschwindens
67 Peter Weiss, Notizbücher 1971–1980. Zwei Bände
68 Versuchungen. Aufsätze zur Philosophie Paul Feyerabends. 2. Bd. Hg. v. Hans Peter Duerr
69 Thomas Bayrle, Rasterfahndung
70 Kevin Casey, Racheträume
71 Gerald Zschorsch, Glaubt bloß nicht, daß ich traurig bin
72 Boris Moshajew, Die Abenteuer des Fjodor Kuskin
73 André Leroi-Gourhan, Die Religionen der Vorgeschichte
74 Dieter Prokop, Medien-Wirkungen
75 Jürg Laederach, Fahles Ende kleiner Begierden
76 Tove Ditlevsen, Wilhelms Zimmer
77 Roland Barthes, Das Reich der Zeichen
78 Manfred Eisenbeis (Hg.), Ästhetik und Alltag
79 Reto Hänny, Zürich, Anfang September
80 Marguerite Duras/Michelle Porte, Die Orte der Marguerite Duras
81 Kindheit als Fiktion. Fünf Berichte
82 Anton Blok, Die Mafia in einem sizilianischen Dorf. 1860–1960
83 Eva-Maria Alves, Neigung zum Fluß
84 Chinua Achebe, Ein Mann des Volkes
85 Erving Goffman, Geschlecht und Werbung
86 Hans Platschek, Porträts mit Rahmen
87 Darcy Ribeiro, Die Brasilianer
88 Georg Lukács, Gelebtes Denken
89 Zur Dichotomisierung von hoher und niederer Literatur. Hg. v. Chr. Bürger, P. Bürger, J. Schulte-Sasse
90 Martin Walser, Selbstbewußtsein und Ironie. Frankfurter Vorlesungen
91 Claus Böhmler, Drehbuch mit Tonspur
92 Afrikanische Schriftsteller heute. Hg. v. Dagmar Heusler
93 Im Atem des Drachen. Moderne persische Erzählungen. Hg. v. Touradj Rahnema
94 Franz Xaver Kroetz, Nicht Fisch nicht Fleisch. Verfassungsfeinde. Jumbo-Track. Drei Stücke
95 Ursula Hochstätter, Kalt muß es sein schon lang
96 Wassili Afonin, Im Moor

129 Blick übers Meer. Hg. v. Helmut Martin, Charlotte Dunsing, Wolf Baus
130 Wie die Wahrheit zur Fabel wurde. Nietzsches Umwertung von Kultur und Subjekt. Hg. v. Philipp Rippel
131 Josef Esser, Gewerkschaften in der Krise
132 Die Wiederkehr des Körpers. Hg. v. Dietmar Kamper u. Christoph Wulf
133 Richard Saage, Rückkehr zum starken Staat?
134 Dieter Senghaas, Von Europa lernen
135 Peter Weiss, Notizbücher 1960–1970. Zwei Bände
136 Marin Sorescu, Abendrot Nr. 15
137 Joachim Veil, Die Wiederkehr des Bumerangs
138 Chinua Achebe, Okonkwo oder das Alte stürzt
139 Robert Pinget, Apokryph
140 Julio Cortázar, Ultimo Round
141 Faszination der Gewalt. Politische Strategie und Alltagserfahrung. Red.: Reiner Steinweg
142 Manfred Frank, Der kommende Gott
143 Die neue Friedensbewegung. Red.: Reiner Steinweg
144 Mythos und Moderne. Hg. v. Karl Heinz Bohrer
145 Mongo Beti, Remember Ruben
146 Franz Böni, Alvier
147 Der religiöse Faktor
148 Michael Buselmeier, Radfahrt gegen Ende des Winters
149 Karl Held/Theo Ebel, Krieg und Frieden
150 Jean-Pierre Vernant, Die Ursprünge des griechischen Denkens
151 Literatur und Politik in der VR China. Hg. v. Rudolf G. Wagner
152 Hans-Ulrich Wehler, Preußen ist wieder chic ...
153 Der Mensch als Risiko. Hg. v. Manfred Wambach
154 Nicolas Bornhorn, Der Film als Wirklichkeit
156 Die armen Frauen. Hg. v. Ilona Kickbusch u. Barbara Riedmüller
157 Zum Funktionswandel der Literatur. Hg. v. Peter Bürger
158 Ulrike Heider, Schülerprotest in der Bundesrepublik
159 Eva-Maria Alves, Maanja
160 Franz Koppe, Grundbegriffe der Ästhetik
161 Jürg Laederach, In extremis
162 Eike Hennig, Der normale Extremismus
163 Walther Abisch, Im Futurum perfectum
164 Peter Schwacke, Carte blanche
165 Tove Ditlevsen, Die Gesichter

166 Die neue internationale Informationsordnung. Red.: Reiner Steinweg
167 Ernst Bloch, Was schadet und was nutzt Deutschland ein feindlicher Sieg. Hg. v. Martin Korol
168 Peter Handke, Phantasien der Wiederholung
169 Volker Braun, Geschichten von Hinze und Kunze
170 Edward P. Thompson, Die Entstehung der englischen Arbeiterklasse
171 Roland Barthes, Elemente der Semiologie
172 Franz Xaver Kroetz, Frühe Stücke/Frühe Prosa
173 Werner Koch, Intensivstation
174 Literatur der DDR in den siebziger Jahren. Hg. v. Peter Uwe Hohendahl u. Patricia Herminghouse
175 Lloyd de Mause, Grundlagen der Psychohistorie
176 Josef Esser/Wolfgang Fach/Werner Väth, Krisenregulierung
177 Josef Winkler, Die Menscher
178 Uwe Kolbe, Abschiede und andere Liebesgedichte
179 J. M. A. Biesheuvel, Der Schrei aus dem Souterrain
180 Jochen Hörisch, Gott, Geld und Glück – Zur Logik der Liebe
181 Georg Vobruba, Politik mit dem Wohlfahrtsstaat
182 Walter Vogl, Hassler
183 João Ubaldo Ribeiro, Sargento Getúlio
184 Francis F. Piven/Richard A. Cloward, Aufstand der Armen
185 Abschied vom Recht? Hg. v. Rüdiger Voigt
186 Celso Furtado, Brasilien nach dem Wirtschaftswunder
187 Martin Roda Becher, Der rauschende Garten
188 Das Schwinden der Sinne. Hg. v. Dietmar Kamper u. Christoph Wulf
189 Rüdiger Lautmann, Der Zwang zur Tugend
190 Vom Krieg der Erwachsenen gegen die Kinder. Red.: Reiner Steinweg
191 Brecht-Journal. Hg. v. Jan Knopf
192 Feminismus. Inspektion der Herrenkultur. Ein Handbuch. Hg. v. Luise F. Pusch
193 Alexander Kluge, Schlachtbeschreibung
194 Andrea Lee, Russisches Tagebuch
195 Taktische Kernwaffen. Die fragmentierte Abschreckung. Hg. v. Philippe Blanchard, Reinhart Koselleck u. Ludwig Streit
196 Rüstung und soziale Sicherheit. Red.: Reiner Steinweg
197 Andreas Buro/Karl Grube, Vietnam! Vietnam?

198 Franz Böni, Der Johanniterlauf
199 Ngũgĩ wa Thiong'o, Der gekreuzigte Teufel
200 Walter Benjamin, Das Passagen-Werk. Hg. v. Rolf Tiedemann

Neue Historische Bibliothek
Hg. von Hans-Ulrich Wehler

241 Werner Abelshauser, Wirtschaftsgeschichte der Bundesrepublik Deutschland. 1945–1980
242 Dirk Blasius, Geschichte der politischen Kriminalität in Deutschland 1800–1980
243 Kurt Kluxen, Geschichte und Problematik des Parlamentarismus
244 Peter Marschalck, Bevölkerungsgeschichte Deutschlands im 19. und 20. Jahrhundert
245 Wolfgang Wippermann, Europäischer Faschismus im Vergleich 1922–1982
246 Michael Geyer, Deutsche Rüstungspolitik 1860–1980
247 Volker Hentschel, Geschichte der deutschen Sozialpolitik 1880–1980
248 Detlef Lehnert, Sozialdemokratie zwischen Protestbewegung und Regierungspartei 1848–1983
250 Peter Alter, Nationalismus
254 Hans-Ulrich Wehler, Grundzüge der amerikanischen Außenpolitik 1750–1900

edition suhrkamp. Neue Folge